heme reat an

JN352943

글쓴이 김광채
아동문학가로, 한국아동문학회 전남지회장을 지냈습니다. 한국아동문학 작가상, 통일문학상 등을 받았습니다. 작품으로는 〈일등 바위 소년〉, 〈지구는 안녕인가요〉, 〈할아버지의 선물〉, 〈이상한 나라〉 등이 있습니다.

그린이 김순금
한국출판미술가협회 및 어린이문화진흥회 회원으로 프리랜스 일러스트레이터입니다. 1989년 한국관광공사 풍경화 공모전에 입상했고, 제22회 일본 동경 미술전에 출품했습니다. 동화책의 그림을 주로 그렸으며, 사보와 잡지에도 많은 그림을 실었습니다.

펴낸이 김준석 **펴낸곳** 교연미디어 **편집 책임** 이영규 **리라이팅** 이주혜 **디자인** 이유나 **출판등록** 제2022-000080호 **발행일** 2023년 2월 15일
주소 서울시 관악구 법원단지 16길 18 B동 304호(신림동) **전화** 010-2002-1570 **팩스** 050-4079-1570 **이메일** gyoyeonmedia@naver.com

*이 책에 실린 글과 그림의 무단 복제 및 전재를 금합니다.

【영토 확장과 새 시대를 연 위인들】

장보고
-해상왕 이야기-

김광채 글 | 김순금 그림

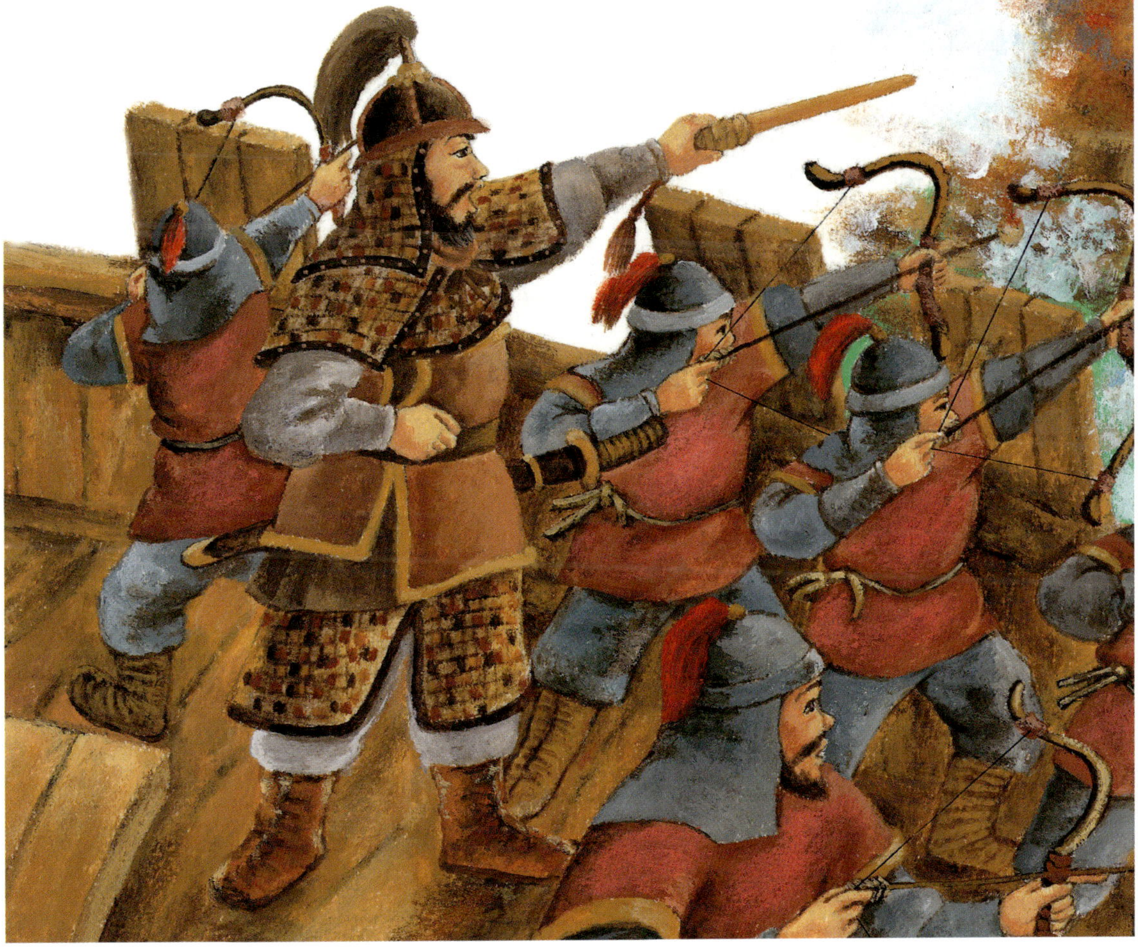

대한민국

"형, 빨리 들어와!"
연이 바다 위로 얼굴을 내밀고 손짓을 했어요.
"알았어. 지금 간다!"
궁복은 바닷속으로 풍덩 뛰어들었어요.
두 아이는 거침없이 바닷물을 헤치며 수영을 즐겼어요.
잠시 후, 바위에 앉아 숨을 고르던 궁복과 연은
커다란 돛을 단 배를 보았어요.
"저 배 좀 봐! 정말 크다!"
"나도 저런 배를 타고 넓은 세상으로 가고 싶어."
궁복과 연은 바다를 향해 나아가는 배를 보며 꿈을 키웠어요.

"와! 이번에도 명중이다."
궁복은 '활 잘 쏘는 사람'이라는 이름처럼 활쏘기를 잘했어요.
기다란 창을 이리저리 휘두르는 무술도 뛰어났지요.
'쳇! 재주가 아무리 뛰어나면 뭐 해.
어차피 난 신분이 낮아서 장수가 될 수 없는데.'
당시 신라에는 '골품제도'라는 게 있었어요.
골품제도는 *혈통에 따라 신분이 정해지는 것으로,
신분이 낮으면 높은 벼슬을 할 수 없었대요.

*혈통은 한 조상에서 비롯하여 그 피를 이어받아 내려오는 계통이에요.

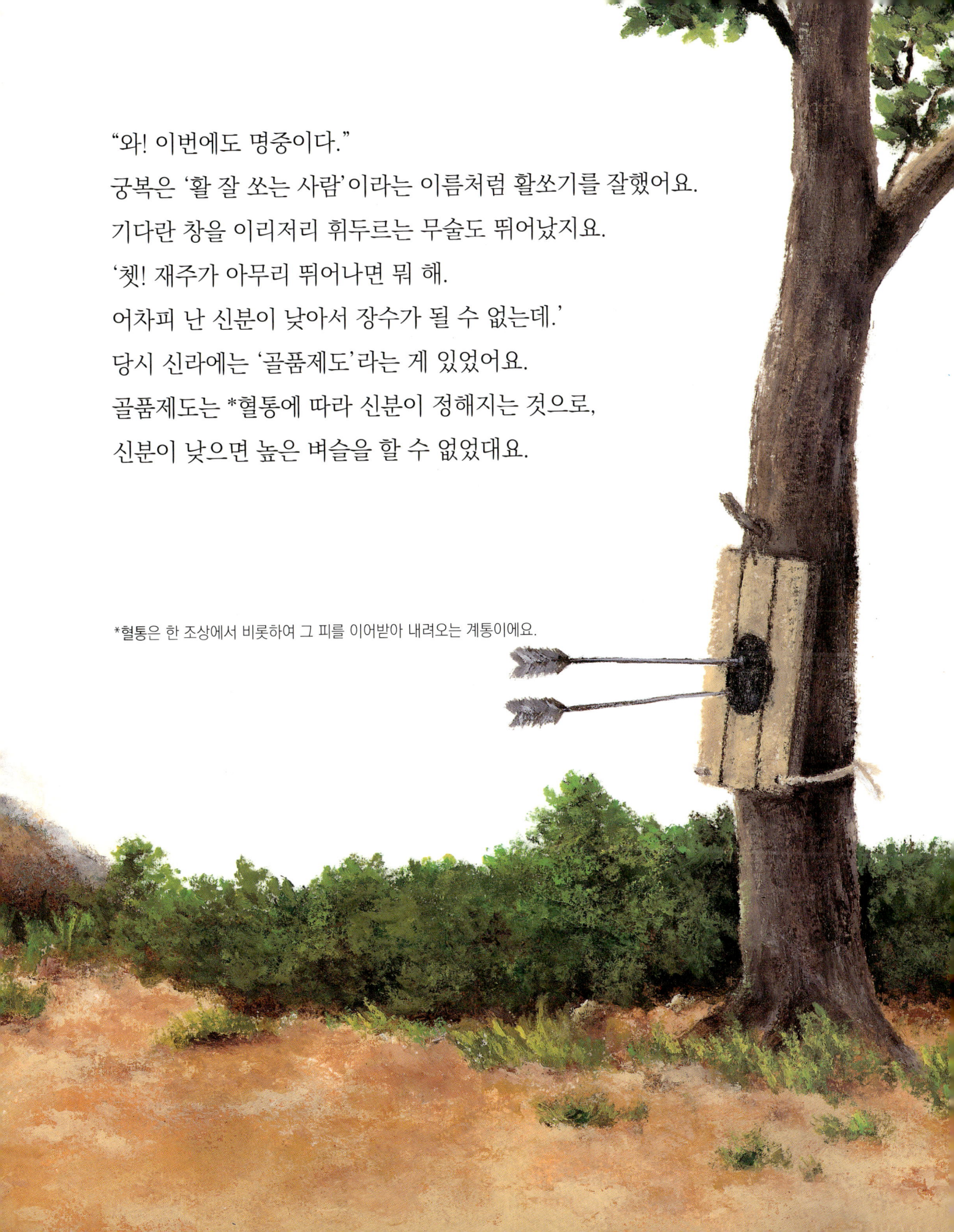

결국 궁복과 연은 출세의 기회를 찾아
당나라에 가기로 결정했어요.
캄캄한 밤, 궁복과 연은 몰래 바닷가로 나왔어요.
"형, 저 배가 당나라로 가는 배 맞지?"
"그래, 얼른 올라타자."
궁복과 연은 당나라로 가는 배에 살금살금 올라탔답니다.

당나라에 도착한 두 사람은 무령군에서
군사를 모집한다는 소식을 들었어요.
"형, 무령군에서 군사를 모집한대."
"그래? 그럼 얼른 가서 지원해 보자."
말타기, 활쏘기 등 다양한 솜씨를 뽐낸
궁복과 연은 당당히 무령군에 뽑혔어요.
그 무렵 궁복은 '장보고'로 이름을 바꾸었어요.
연도 '정년'이라고 이름을 고쳤답니다.

이후 장보고와 정년은 여러 전투에 참여하였어요.
두 사람은 다른 어느 군사보다도 용감하게 싸웠지요.
"이번에도 우리가 이겼어."
"그렇구나. 정말 잘 싸웠다."
장보고와 정년은 수없이 세운 공을 인정받아
어느덧 병사들을 거느리는 장수가 되었답니다.

장보고와 정년은 장사에도 관심이 많았어요.
당시 *당나라의 수도 장안은
국제적인 무역 도시로 발전하고 있었어요.
장보고와 정년은 시장을 드나들며
물건을 사고 파는 법에 대해 배웠지요.
그러던 어느 날, 시장에 나간 장보고와 정년은
신라 사람들을 잡아 노예로 팔고 있는
중국의 해적들을 보고 깜짝 놀랐어요.

당나라 황실의 정원을 재현해 놓은 대당부용원
당나라는 618년에 세워진 중국의 왕조예요.

중국의 해적들은 신라의 해안까지 쳐들어와
물건을 *약탈하고 사람들을 잡아갔어요.
"식량이며 재물을 모조리 빼앗아라!"
"사람들도 모두 잡아 가자!"
중국의 해적들은 얼마나 사납고 흉악한지
당나라에서도 고개를 절레절레 내저으며
잡기를 포기할 정도였대요.

*약탈은 남의 재물 등을 폭력을 써서 억지로 빼앗는 거예요.

"나랑 같이 신라로 돌아가서
중국의 해적들을 물리칠 방법을 찾아보자."
장보고가 정년에게 말했어요.
"하지만 난 여기서 사는 게 좋은걸.
신라로 돌아가고 싶지 않아."
정년은 장보고의 제안을 거절했어요.
결국 장보고는 혼자 신라로 돌아갔답니다.

완도
청해는 지금의 완도에 해당하는 곳이에요.

신라에 도착한 장보고는 흥덕왕을 찾아갔어요.
"전하, 신라의 백성들이 중국 해적들에게 잡혀 노예로 팔리고 있습니다.
제게 군사를 모을 수 있게 해 주시면 청해에 진을 설치하고,
중국 해적들을 *소탕해 백성들을 지키겠습니다."
"좋소. 그대를 청해의 *대사로 임명할 테니, 신라의 바다를 잘 지키시오."
"감사합니다, 전하."
흥덕왕의 명을 받은 장보고는 곧 청해로 떠났어요.

*소탕은 휩쓸어 모두 없애 버리는 거예요.
*대사는 일종의 총독으로, 정해진 지역의 자치권을 행사하는 우두머리예요.

장보고는 우선 군사들을 모집하여 훈련시켰어요.
해적들과 싸우기 위해 배도 많이 만들었지요.
하지만 군사들을 이끌 장수가 부족했어요.
그때 마침 당나라에 있던 정년이 찾아왔어요.
"형님, 이제부터 형님을 돕겠습니다."
"고맙다. 우리 힘을 합쳐 나라를 잘 지켜 보자."
장보고는 정년과 함께 청해진을
더욱 튼튼한 군사 *기지로 만들었어요.

*기지는 군대 따위의 활동 근거지예요.

드디어 청해진 앞바다에 해적선이 나타났어요.
장보고는 재빨리 군사들을 이끌고 바다로 나아갔지요.
"불화살을 쏴라! 해적선을 한 척도 남기지 말고 모두 불태워라!"
장보고의 명령을 받은 군사들은 해적선을 향해 불화살을 쏘았어요.
불화살은 휙휙 날아가 해적선에 꽂혔지요.
결국 해적선은 모두 불에 타서 바닷속으로 가라앉고 말았어요.
장보고는 청해진을 중심으로 무역에도 힘을 기울였어요.
많은 배와 상인들이 청해진을 오가며 장사를 하였지요.
이렇게 해서 청해진을 중심으로 한 해상 왕국이 만들어졌답니다.

장보고가 많은 공을 세우자 그를 시기하는 사람들이 생겨났어요.
"언젠가 장보고가 우리 자리를 빼앗을지도 몰라."
"맞아 맞아. 장보고를 그대로 두어서는 안 돼!"
그들은 장보고의 부하였던 염장을 장보고에게 보냈어요.
염장을 만난 장보고는 기뻐하며 잔치를 열었지요.
장보고가 술에 취해 비틀거리자 염장은 그를 죽여 버렸어요.
거대한 해상 왕국을 건설하여 바다를 다스리던 장보고는
이렇듯 *허무하게 세상을 떠나고 말았답니다.

*허무하다는 헛되고 무의미하다는 뜻이에요.

장보고

따라잡기

?	장보고의 계통과 출신에 대한 기록은 알려진 것이 없어요. 장보고가 활동하던 당시 신라에는 신분에 의해 출세가 정해지는 골품제도가 행해지고 있었어요. 이에 한계를 느낀 장보고는 정년과 함께 당나라로 떠났어요. 그리고 서주의 무령군이라는 군대에 들어가 군중소장의 직위까지 올랐지요. 이후 중국의 해적들이 신라 사람들을 잡아다 노예로 판다는 사실에 충격을 받아 해적들을 소탕하기로 결심했어요.
828년	신라로 돌아와 흥덕왕에게 청해에 진을 설치할 수 있는 권한을 받았으며, 대사(大使)로 임명되었어요. 이후 청해진을 설치하여 해적을 물리친 후, 해상 무역권을 차지하며 세력을 키워 나갔어요. 또한 신라와 중국, 일본을 잇는 중개무역을 실시하고, 아라비아 상인들과도 교역하였어요.
839년	김우징이 왕위에 올라 신무왕이 되는 데 큰 공을 세웠어요. 신무왕의 뒤를 이은 문성왕은 장보고를 진해장군으로 삼고, 그의 딸을 왕비로 삼겠다고 약속했어요.
841년 (또는 846년)	부하였던 염장의 손에 죽고 말았어요.

장보고
연관검색

태어나면서 삶의 모든 것이 정해지는 신라의 골품제도

신라 최초의 진골 출신 왕, 김춘추의 태종무열왕릉비

골품제도는 신라의 신분제도예요. 성골·진골·6두품 등의 골품, 즉 혈통에 따라 출세는 물론 혼인, 가옥의 규모, 의복의 색깔 등 삶의 모든 것이 결정되었답니다.

당나라에 살던 신라인들을 위해 장보고가 세운 사찰, 법화원

청해진의 유적지

장보고는 산둥반도에 법화원(사찰)을 세워 당나라에 살고 있던 신라인들에게 도움을 주었어요. 신라에서 당나라로 건너온 사람들은 이곳에서 안전을 기원하였으며, 정보도 교환하였어요. 전남 완도에도 법화사를 지어 법화원과 교류했다고 해요.

당나라에는 견당매물사, 일본에는 회역사를 보내다

청해진의 유적지

장보고는 해적들을 쫓아내고 바다를 장악한 뒤, 중국과 일본 등을 잇는 중개무역을 통해 해상 왕국을 만들었어요. 장보고는 당나라에는 견당매물사를 보냈으며, 일본에는 회역사를 보내 무역을 이끌었답니다.

벽골군으로 이어진 청해진의 숨결

전북 김제의 벽골제

장보고가 죽고 청해진이 사라지자, 그곳에 살았던 사람들은 벽골군(전북 김제)으로 터전을 옮겨야 했답니다. 전북 김제에 있는 벽골제는 삼국시대 때 만들어진 저수지로, 당시 우리나라의 발달된 토목 기술을 보여 주고 있어요.

PHOTO ALBUM

장보고의 흉상

장보고의 청해진 유적지

장보고의 청해진 유적지-내성문

장보고의 청해진 유적지-건물지

장보고의 청해진 유적지-우물

장보고의 청해진 유적지-사당

장보고

사진첩

장보고의 청해진 유적지에서 출토된 유물들

장보고가 건립한 제주도의 법화사

장보고로 하여금 청해진을 설치하게 했던 흥덕왕의 능

 **L**eadership  **M**entoring